AF206235

Wüstenkäfer

Sonja Kollegger

Bibliografische Informationen der Deutschen Nationalbibliothek:
Die Deutsche Nationalbibliothek verzeichnet diese Publikation in der
Deutschen Nationalbibliografie; detailliierte bibliografische Daten sind im
Internet unter http://dnb.dnb.de abrufbar.

© 2020 Sonja Kollegger

Herstellung und Verlag
BoD – Books on Demand, Norderstedt

ISBN: 978-3-7504-9436-7

© Coverfoto und Fotos: Sonja Kollegger

*Reisen ist das beste, ja das einzige
Heilmittel gegen Kummer*

(*Alfred de Mussct*)

Inhalt

Reisevorbereitungen "Deluxe" 9

Mit dem Käfer Richtung Wüste 12

Sternenzelt in der Wüste..14

10.000 Schilling für den Käfer 17

Kreizfohrten san Dreckschleidern 20

Schwester Judith...23

Mutter auf Raststation ausgesetzt............................29

Pfeilwurf im Kino 32

Der Poltergeist 35

Schwester Richarda...38

Zimmer Deluxe...41

Chillidschinn...44

Ausgetrickst 47

Italienerinnen haben keine Zahnschmerzen! 50

Donner, Wetter, Blitz...53

Gratis nach Mailand 55

Frau Bär...58

Zu Fuß ans Meer 61

Rumkugeln san ka Leckerli 64

Klorenovierung..67

Das Schild für Schildbürger......................................70

Nova Rock – etwas feucht 72

Nina und das Studium..75

Nina und die Couch 78

Fette Beute 80

Oma auf der Burg verloren.......................................83

Wer ist Martina? 85

Papa am Blackfriday 88

Der vermeintliche Flugzeugabsturz 90

Triebwerkschaden 93

Reisevorbereitungen "Deluxe"

Weihnachtsferien 1991. Während andere Familien zusammen beim Christbaum saßen und tags darauf in den Skiurlaub fuhren, unternahm mein Vater eine Reise durch die Sahara.

Meine Mutter, meine mittlere Schwester und das vier Monate alte Baby blieben zu Hause und bangten um Vaters Leben. Die Reise war schon über ein Jahr geplant mit einem erfahrenen, ehemaligen Schulkollegen meines Vaters, der so eine Tour schon 24 Mal gemacht hatte. Als Reisevorbereitung gab es teure Impfungen und die Malaria-Prophylaxe, die organisiert werden mussten. Es gab am Wochenende immer wieder Treffen, wo die politische Lage im Gebiet der Tour besprochen wurde. Insgesamt waren es vier Männer, die es bevorzugten, statt auf den steierischen Skipisten hinunter zu wedeln durch Sanddünen zu cruisen.

Sie planten gemeinsam und jeder lernte brav ein wenig Arabisch und Französisch, um sich in Afrika verständigen zu können. Dosenbüchsen mit Fleisch wurde beim Diskonter eingekauft, genügend, um die knappen fünf Wochen auf dem Nachbarkontinent zu überstehen. Gemüse, Brot und Nebengerichte würden sie dort zu sich nehmen. Viele Großpackungen Kugelschreiber und Feuerzeuge wurden als Geschenke für die einheimischen Kinder besorgt. Es waren rote, blaue und schwarze Kugelschreiber und bunte Feuerzeuge für die freundlichen Kinderscharen, die die Reisenden in den Dörfern begrüßen würden.

Um das ganze Bargeld nicht in einer Geldtasche zu haben und damit diebische Augen anzuziehen, nähte meine Mutter einen Baumwollgurt. Ein Zip war eingenäht, so konnte mein Vater seinen Reisepass und das Bargeld unauffällig unter der Kleidung am Bauch tragen. Die Österreicher fuhren mit vier Autos: Ziel war es, bis zur Elfenbeinküste zu gelangen. Dort wollten sie nach der staubigen und strapaziösen Tour noch einen Badeurlaub anhängen.

Ein kleines Land mit Urwald und Küste erschien ideal, die Reise zu tatsächlich durchzuziehen. Dieses Land heißt Benin und war damals kommunistisch regiert mit einer niedrigen Kriminalitätsrate. Die Reisenden sollten den Strand und das kleine Land in Wahrheit nicht erreichen, aber ich will an dieser Stelle nicht spoilern. Immer wieder bricht bis heute ein Bürgerkrieg in Nordafrika aus und obwohl sich mein Vater ein Jahr lang vorbereitet hatte, beteten wir jeden Abend um das Wohl des Familienoberhauptes und dessen Reisekollegen.

Er war mit einem eierschalenfarbenen VW Käfer unterwegs und seine Gefährten mit einem Renault und einem Mercedes. Nein, es war kein Jeep, wie man meinen würde. Der Käfer war ein Geschenk meiner Großeltern, die sich für ein neues Auto entschieden und so ihren alten, treuen Käfer weiterreichen konnten. Das verlässliche Gefährt war eine amerikanische Ausführung mit Gebläse statt Klimaanlage. Mein Vater erzählte mir später: „Es hat nur zwei Möglichkeiten gegeben: entweder schwitzen wie eine Sau oder Sand fressen! Ich habe mich für Letzteres entschieden."

Mit dem Käfer Richtung Wüste

Im Konvoi fuhren vier Männer, alle in ihren Dreißigerjahren, von Graz los.

Sie fuhren Richtung Süden, sprich durch ganz Italien, machten einen Halt, um sich Pompeji anzusehen und schliefen auf einem Campingplatz. Die Ausgrabungsstätte war laut Erzählungen so interessant, dass später mein Wunsch wuchs, eines Tages selbst dorthin zu reisen.

Der Besitzer des Campingplatzes war stets mit einer Schrotflinte bewaffnet und hatte einen Dobermann. Das Duo aus Mensch und Hund zog seine Runden um den Campingplatz, um sicherzustellen, dass es nicht zu unangenehmen Vorkommnissen kommt. Die Gruppe war sehr überrascht, dass der Italiener mit einer Waffe unterwegs war.

Um Neapel machten sie einen großen Bogen. Dieses Pflaster war ihnen ein wenig zu heiß. Das Gleiche galt für eine sizilianische Stadt namens Trapani. Buchstäblich vor den Toren der Stadt Palermo machten sie Halt, um in den Fahrzeugen zu übernächtigten. Da stand bereits ein Auto mit einem Schlafenden. Als dieser aufwachte und die vier Wägen erblickte, startete er sofort den Motor, stieg aufs Gas und suchte das Weite. So furchterregend waren die vier Steirer augenscheinlich. Naja, die Gegend war allerdings auch nicht die beste! Süditalien ist die Hochburg der Mafia, mit der sich keiner anlegen will. Mein Vater mit seinem Schnauzbart hatte immer etwas von einem Mafioso an sich.

Mit der Fähre gelangten sie über das Mittelmeer nach Tunis, der Hauptstadt von Tunesien. Sie durchquerten das Land, bis sie in Algerien ankamen. Nachdem sie sich erst ein paar Tage im Land befunden hatten, kam es zu einem Militärputsch und die Situation wurde ungemütlich. Es war an der Zeit, das Land so schnell wie möglich zu verlassen. Überall gab es Straßenkontrollen, bei denen schwer bewaffnete Männer mit Maschinengewehren standen. Dringend benötigten die drei Steirer einen Guide, der sie sicher aus dem Land geleiten könne. Sie wurden fündig und schlossen sich einer achtköpfigen, holländischen Gruppe an, welche dieselbe Idee hatte. Alle legten eine beträchtliche Summe zusammen, um aus der Gefahrenzone zu kommen. Kann man Sicherheit und sein Leben in Geld messen? Viele würden ja sagen. Aber die Hauptsache war, von dort einfach rauszukommen!

So wurden sie nach Niger gebracht, wo es keine Unruhen gab und sie relativ sicher waren.

Sternenzelt in der Wüste

Da war sie endlich: die Sahara, eine wunderschöne und seltsame Laune der Natur. Sie erstreckt sich über eine sehr große Fläche und ist eine sagenumwobene Landschaft. Die Reisenden hoppten von Oase zu Oase und von Stadt zu Stadt.

Die Männer führten ein Fahrtenbuch, jeder hatte im Auto sein eigenes. Es war gespickt mit wertvollen und lebensnotwendigen Informationen. Bei jedem Stopp wurde es aktualisiert. Das heißt, die Wasserkanister wurden vollgemacht, ebenfalls wie die Benzinkanister. Die gefahrenen Distanzen, also die Teiletappen, befanden sich zwischen 400 und 600 Kilometer. Der Benzinverbrauch wurde akribisch festgehalten. Bei Fahrten durch den Sand war der Verbrauch des Treibstoffes 50 Prozent höher als auf normalem Untergrund. Ein Umdrehen schier unmöglich! Als Beifahrer lag ein 50 Liter Benzinfass des Kollegen beim Papa im Käfer. Natürlich angegurtet und festgeschnallt - ein angenehmer Zeitgenosse! Stets still und ruhig, hi und da wackelte er ein wenig.

120 Liter Benzin hatten es sich am Rücksitz gemütlich gemacht und 100 Liter Wasser fanden ebenfalls ihr

Plätzchen im Käfer. Ein Überschlag mit dem Auto wäre fatal gewesen und alles andere als wünschenswert.

Links eine Sanddüne und rechts eine Düne, dazwischen ein Weg, wo man durchfahren musste. Diese Art von Landschaft bietet eine tolle Gelegenheit, um Reisende zu überfallen und ihnen den fahrbaren Untersatz abzuknöpfen. Am Campingplatz kam ein LKW an, der ein paar Stunden nach der Gruppe das letzte Lager verlassen hatte und kam mit dicken Einschusslöchern an. Aufgrund dessen bekamen die Männer auch eine Gänsehaut. Wie viel Glück sie doch hatten, denn mit diesen Kerlen ist nicht zu spaßen.

Die Wüste erschien ihnen majestätisch und sehr still. Es gibt dort gar nichts, denn in vielen Teilen hat es 30 bis 40 Jahre lang keinen Regen gegeben - nicht einmal einen Tropfen Wasser. Dort gibt es nichts. Du hörst nichts. Absolut nichts! Das kann einem ganz schön Angst machen. Unsere Ohren sind es gewohnt immer etwas zu hören, sei es ein Vogel oder das Rauschen der Äste. Aber wenn man nichts hört, kann das sogar Panik beim Menschen auslösen. Die haben die Wüste wieder so schnell wie möglich verlassen.

Aber der Sternenhimmel ist gigantisch, das riesige Sternenzelt entfaltete sich majestätisch über die Männer. Dieses Spektakel, diese riesige Bühne berührte die

Reisenden und strahlte Vertrauen und Geborgenheit aus. Bei einem Bier und dem Blick nach oben genossen sie ihren Traum, der wahr geworden war, nämlich die Sahara zu durchqueren und die Schönheit des fremden Kontinents mit allen Sinnen zu erfahren. Ein wenig Sand auf der Haut, der Duft der Wüste gepaart mit steirischem Bier.

Während des ganzen Trips haben sie wilde Kamele am Wegesrand gesehen, wenn man sich ihnen näherte, liefen sie davon. Es gibt viele davon, sie sind den Besitzern einmal entwischt und leben in der Sahara.

10.000 Schilling für den Käfer

Mein Vater bestellte einmal in einem Restaurant Kamelfleisch. Es schmeckte so zäh, dass er davon abließ. Ein anderes Mal bestellte er etwas, das wie Huhn aussah, aber dafür zu klein war. Dann bemerkte er, dass das mal Singvögel gewesen sind. Es ist halt wirklich ein Kreuz, wenn man die Landessprache nicht beherrscht, dann können solche Unannehmlichkeiten schon passieren.

Nach 12.000 Kilometern, einigen Ländern und vielen abenteuerlichen Erlebnissen endete die Reise, nachdem ein potenzieller Käufer für den VW Käfer meinem Vater zwei Tage lang nachgelaufen war und unbedingt das treue Gefährt ergattern wollte. Der Mann war selbst Besitzer eines VW- Busses und benötigte dringend den Motor des eierschalenfarbenen, mit Saharastaub bestreuten Käfers, der meinem Vater gehörte.

„10.000 Schilling zahle ich dir!" war sein erstes Angebot, welches der dreifache Familienvater kühn abschlug. Eine Konkurrenz gab es nicht und so konnte er den Preis hochschnellen lassen.

Angebot und Nachfrage, so lautet das Motto der freien Marktwirtschaft - auch in Afrika.

Am nächsten Tag saß die Gruppe gerade beim Frühstück zusammen, als der Mann erneut erschien. Diesmal erhöhte er sein Angebot auf umgerechnet 12.000 Schilling. Der interessierte Käufer legte noch zwei afrikanische Frauen, mit dessen Dienste er als Zugabe die Gunst des Steirers gewinnen wollte, drauf. Mein Vater machte einen Schluck von seinem Kaffee, schaute den Kerl an und verneinte abermals. Zu dieser Zeit war der Käfer in der Heimat gerade einmal 1.000 Schilling wert.

Papa hatte Zeit, schließlich galt es, die Reisekosten wieder reinzuspielen. Insgesamt hatte er 30.000 Schilling für den Trip gebraucht.

Am Abend erschien der Interessent pünktlich zum Abendessen: „Mein letztes Angebot: 14.000 Schilling!"

„Ja, passt!", willigte mein Vater ein, denn das Angebot war wirklich sehr verlockend und wer weiß, ob er je wieder so einen guten Preis bekommen würde.

Somit war seine Reise beendet und er stieg in eine alte Propellermaschine, um zu einem größeren Flughafen zu gelangen. Da büßte er alle vorangegangenen Sünden ab, denn diese ratterte und knatterte und er betete, dass sie nicht abstürzen möge.

Dann nahmen sie das billigste Flugticket nach Paris. Von dort aus ging es mit dem Nachtzug nach Graz. Gepäck hatten sie so gut wie keines mehr. Es war ungewohnt, den Zug zu nehmen, nachdem sie die letzten fünf Wochen immer hinter dem Lenkrad verbracht hatten. Als mein Vater mit dem Taxi vom Hauptbahnhof heimfuhr - schließlich hatten wir kein Auto mehr - klopfte er beim Küchenfenster an. Meine Schwester erkannte den braungebrannten Mann anfangs nicht und deshalb begann sie zu schreien.

So braun ist er zuvor noch nie in seinem Leben gewesen. Die Bräune meines Vaters hatte ihren Höhepunkt erreicht.

Kreizfohrten san Dreckschleidern

Heit hob i im Fernsehen gsehn, dass Venedig so a Problem mit dem Tourismus hot. Es gibt nur 50.000 Einwohner und jährlich Millionen von Besucher.

"Denen geht's jetzt gor ned goat mit dem Wasser."

"Jo des stimmt. Aber der Bericht hot im Fokus den Tourismus ghobt. Und dass diese riesigen Kreuzfahrtschiffe einen Wellengang und einen Sog erzeugen, der Venedig unterhöhlt. Das Sediment wird ausgespült. Unter den Pflastersteinen ist es hohl! Deswegen wollen sie diese riesigen Ungetüme aus der geschichtsreichen Stadt verbannen. Mey Papa möchte in der Pension a Kreizfohrt mochn.", erzähle ich.

„A Kreizfort is sicha wos lässigs. Mecht i a moi mochn. ", offenbart Sabine.

„I ned. Des san vulle CO_2-Schleidern. Schlecht für die Umwöt. Dey verbrauchn viu vü Ressourcen und produzieren Unmengen an Müll. Kreizfohrtschiffe san Dreckschleidern!"

„Des is eh scho wurscht!", schaltet sich Sabines Bruder ein, der am Beifahrersitz aus seinem Halbschlaf wieder wach wurde. Er kam gerade von der Arbeit aus

Kasachstan und wir haben ihn am Flughafen in Schwechat aufgegabelt.

"Warum wüst do kane mochn?"

"Na do san ma zvü Leit!", erschallt es vom Beifahrersitz, wo der Reisende sitzt.

"I denk des is sicher wos schenes!", schmachtet die Fahrerin vor sich hin und träumt von einer luxuriösen Fahrt quer durch den Pazifik.

„Na und außerdem san die a ned moi sicha! Do is jo mol ans gestrandet. Untergangen.", versuche ich weiterhin die negativen Seiten einer Dreckschleuder klar zu beleuchten.

„Die Concordia!", singen die Geschwister unisono.

"Jo genau. Da san a anige Leute gestorbn.", gebe ich mich sehr betroffen.

Rinaldo gibt wieder seinen Senf dazu: „Es sterben sicher weniger Leute auf Kreuzfahrtschiffen als im täglichen Autoverkehr!"

„Na schon, aber trotzdem und spätestens nach der Titanic müsste man wissen, dass man die Finger von solchen Schiffen lassen sollte!"

Kopfschütteln beim Bruder. Sabine entkommt ein Lacher.

„Die Titanic is jo auf an Eisberg aufgelaufen!", fachsimpelt der Südsteirer.

„Ja, aber i hob gehört, dass sie bei der Fertigstellung schon Materialfehler gehabt hat, sie haben die Tickets schon verkauft gehabt und waren im Zugzwang. Deshalb ist sie auseinandergebrochen, als sie mit dem Eisberg kollidierte.", erkläre ich.

Das habe ich auch wo gelesen, fügt Sabine hinzu.

Wir lassen die Debatte so im Auto stehen und machen einen kurzen Halt bei der Tankstelle. Das Gespräch hat mir wieder gezeigt, wie anders ich denke und fühle. Mir liegt der Planet Erde am Herzen und ich bete für ein Umdenken bei der Menschheit. Nicht umsonst bin ich hierher gereist!

Schwester Judith

Eine sehr liebe Religionslehrerin habe ich vor kurzem zufällig beim HNO-Arzt getroffen. Ich habe sie 20 Jahre nicht mehr gesehen und mich gefreut, ein altes bekanntes Gesicht aus der Schulzeit zu erblicken. Beim Anmeldepunkt standen zwei Schwestern, eine kannte ich. Diese klammerte sich an ihren Rollator fest und suchte in dessen Netz nach ihren Geldbörserl. Sie zog dieses heraus und suchte nach ihrer E- Card. „Tut mir leid, ich kann sie nicht finden", erklärte sie der Dame am Empfang. "Wir benötigen die E-Card!"

„Ich werde anrufen, vielleicht kann sie mir jemand bringen", gab die Schwester und pensionierte Lehrerin von sich.

„Das hoffe ich!", schnaubte die unsympathische und unfreundliche Frau.

„Schwester Judith sind Sie es?", fragte ich sie und sie bejahte. „Es tut mir leid, ich kann mich nicht an Sie erinnern. Wann waren sie bei uns?", gab sie Preis.

„1999 habe ich maturiert und ich hatte sie 1995 in Religion. Ich kann mich noch genau erinnern wie wir über unsere Namenspatronen gesprochen haben. Jeder ein

Kärtchen bei einer Kirche holte und sie ins Religionsheft einklebte", sang ich.

„Es hat sich viel verändert. Das Internat gibt es nicht mehr. Sie können mich duzen. Ich bin Marion Weber. Das ist mein weltlicher Name. Sind sie auf Facebook?", fragte sie mich. „Wir können uns auf Facebook befreunden. Schick mir eine Freundschaftsanfrage!", forderte sie mich auf und ich fand sie so was von cool.

Entschuldige ich muss die Schwester Brigitte anrufen, vielleicht findet sie die E- Card. Die betagte Ordensschwester zückte ihr Mobiltelefon aus der schwarzen Handtasche und rief die Schwester an. „Hallo Schwester Brigitte. Ich bin es Judith. Kannst du so freundlich sein, in mein Zimmer gehen und in der Schublade meines Tischens nach meiner E-Card suchen? Ich sitze gerade beim Arzt und kann sie nicht finden. Vielen Dank!", sprach sie in den Apparat.

Dann wendete sie sich wieder mir zu. „Hoffentlich findet sie die Karte", hoffte sie, es klang nach einem kleinen Gebet. Ich glaube mittlerweile, war ihr auch schon angst und bange vor dem unersättlichen Ordinationdrachen.

„Ich weiß nicht wie lange es noch mit uns geht. Unser Altersdurchschnitt ist 76 plus. Wollen sie nicht zu uns kommen? Wir brauchen Nachwuchs!", fuhr sie mit einem melancholischen Ton fort.

Als Antworte funkelte ich sie aus vollen Herzen an. Die Stille und der Zeitgeist des 21. Jahrhundert sprachen Bände. Der betagten Schwester war es durchaus bewusst, dass sich heutzutage junge Menschen für andere Dinge interessierten als ein Leben in Keuschheit und strengen Regeln.

Es müsste schon eine gute Viertelstunde vergangen sein, da wählte Schwester Judith wieder die Rufnummer ihrer Kollegin.

„Ich bin es noch mal. Hast du sie gefunden? Nein? Wo könnte sie wohl sein? Kannst du bitte in meinem anderen Mantel nachschauen der hängt im Kasten. Danke, vielen Dank! ", erklang ihre leicht verzweifelte Stimme.

„Sie kann sie nicht finden. Das verstehe ich nicht. Sie muss im Zimmer sein. Wo soll sie sonst sein!", gab sie mir Auskunft.

Just erschien das furchterregende Ungeheuer im Warteraum als hätte es die Beute gerochen. Der Gestank von Arroganz und Herrschsüchtig verbreitete sich wie eine dunkle Nebelsuppe im Raum. Das Ungetüm kroch langsam näher an die Jungfrau heran und schrie: "Haben sie nun die e-Card?" Totenstille im Raum. Keiner traute sich einen Muckser zu machen. Jeder hielt den Atem an.

„Sie suchen danach. Ich soll in zwanzig Minuten noch einmal anrufen", piepste meine ehemalige Lehrerin. Daraufhin war das Monster beschwichtigt, murrte und verzog sich wieder in seine Höhle hinter dem Empfangspult. Das war knapp, dachte ich mir und fühlte einen Druck auf meiner Blase.

„Entschuldige mich kurz ich muss mal auf die Toilette", flüsterte ich ihr zu, nachdem wir schon eine Weile im Wartezimmer zu brachten. Ich schob mich aus dem Raum, passierte dem Empfangspult um auf die Toilette zu gelangen. Da ertönte die einschüchternde Stimme des Empfangsdrachen: "Wir brauchen die E-Card. Die Schwestern kommen immer alle ohne zu uns. Der Doktor besteht auf darauf, dass sie mit der E-Card erscheinen. Können sie sie besorgen?", mehr als Befehl als als Frage, erschallte es im Eingangsbereich.

„Äh, sie war meine Lehrerin mit den Schwestern habe ich sonst nichts am Hut!", erklärte ich dem Drachen und verschwand schnellen Schrittes auf die Toilette. Gott sei Dank verschmähte er mich und hatte es nur auf die alten Jungfrauen abgesehen.

Mein Name erschien auf dem Monitor, ich sprang auf und betrat das Ordinationszimmer.

Der Mann sprach salopp:" Ja, wenn sie wieder eine Nebenhöhlenentzündung bekommen dann müssen wir operieren. Einfach aufstemmen. Panik stieg in mir bei diesem Gedanken auf, dass jemand in meinem Gesicht herumstemmt. Ich bin kein toter Pharao, wo man das Gehirn durch die Nase rausholt, um sie Best möglich mumifizieren zu können! Auch bin ich kein Badezimmer, wo man herumstemmt. In meinen Nebenhöhlen befinden sich keine losen Fließen! So kaltherzig und maschinell gehen die Ärzte mit einem um. Ich musste meine Tränen zurückhalten. Die Bestätigung, dass die Medizin, so wie sie zurzeit praktiziert wird, versagt!

Meine Schmerzen waren groß und ich war zwei Wochen außer Gefecht und das schon zum zweiten Mal. Für das bin ich extra hierhergekommen? Für das haben sie mich in die sauteure hochmoderne Röhre geschickt? Dass sie dann wie im tiefsten Mittelalter barbarische Methoden am Menschen ausüben?

„Gibt es keine andere Lösung?", frage ich nach.

„Nein, nicht das ich wüsste."

„Kennen sie keine Hausmittelchen oder Kräuter dagegen?"

Meine Gedanken beginnen zu kreisen. In welcher Zeit lebe ich? Das sind mittelalterliche Methoden! Ich stelle mir vor, wie sie mir durch die Nase fahren und sich ein bisschen vertuen?

Ich sprang auf. Schönen Tag!

Der Besuch war nicht umsonst, denn ich verbrachte mit Schwester J. eine super Zeit im Warteraum!

Mutter auf Raststation ausgesetzt

„Wir machen eine fünfminütige Pause, um auf die Toilette zu gehen. Bitte wieder rasch zum Bus zurückkehren." teilte Markus, mein Kollege, unseren Gästen mit dem Mikrophon mit.

Es war Sommer 2020 und wir befanden uns kurz vor Wien auf einer Raststation. Der Reisebus leerte sich schnell. Die Familien strömten nach draußen, um zu rauchen und aufs Klo zu gehen. Nach 13 Minuten hopsten wir alle mit unseren Schutzmasken wieder in den Bus und setzten uns auf unsere Plätze. Mein Kollege Markus ging durch den Bus und zählte. "Wir sind 28, passt das?", fragte mich Markus. Ja, das passt! Bei der Abfahrt nahm ich die erste Zählung vor und kam auch auf 28 Personen. Ich hatte keine Lust, die Gesamtteilnehmerzahl zu ermitteln und so bat ich Markus, durchzuzählen. Wir hatten beide ein komisches Gefühl, dass sich nicht alle im Bus befinden würden. Dennoch gaben wir unserem Busfahrer das Ok, dass er losfahren könne. Kurz nachdem wir unsere Parkposition verlassen hatten, hupte jemand anders mehrmals.

„I glaub, wir hobn wen vergessen!", rief ich dem Manfred, unserem Busfahrer, zu. Ein zwölfjähriges Mädchen äußerte zu uns: "Ich glaube, wir haben unsere Mutter vergessen." Im Bus befand sich nur ihre Tasche, sie aber war nicht zu sehen. Der Bruder saß neben seiner Schwester und befand sich im Halbschlaf. Die Abwesenheit fiel nur Zeinab auf.

„Na echt jetzt! Oida! Des gibt's ned!" Die Familie hat schon während des Turnus regelmäßig Scherereien gemacht: ständiges Zuspätkommen, Verletzung der Aufsichtspflicht und eine Überschwemmung des Badezimmers. Wir machten eine Kehrtwende, um die vergessene Mutter zu holen und gleich darauf ging bereits das Handy. Die Mutter von Zeinab war dran und teilte uns mit, dass sie mit jemand Fremdes im Auto mitfuhr. "Wie bitte? Was macht sie?", sagten wir erstaunt.

Na super! Jetzt sind wir umsonst abgefahren. "Sie sind schon bei Baden vorbeigefahren.", teilte uns Zeinab mit. Dann sagte ich ihr, sie solle ihre Mutter auf Lautsprecher drücken, ich möchte mit dem Fahrer reden. Die Mutter sprach anfangs nur arabisch.

„Grüß Gott! Danke, dass sie die Dame mitgenommen haben, wir hätten sie eh abgeholt. Können sie so lieb sein und bei der Oldtimer-Raststation Guntramsdorf halten? - Wir fahren dort hin. - „Grüß Gott, ja mache ich" - „Super, danke, bis dann!"

Der Ärger verpuffte langsam und wir mussten ununterbrochen lachen. „Ans muss ma ihr losn. Sie sitzt bei an fremden Mounn drinnen, des muas ma sie a moi traun! Die muss a bled gschaut hobn, als der Bus weggforn is. Und sie allan auf der Roststation. Hobn die Kinder, die Mutter absichtlich ausgesetzt? Der geht sicher der Reis."

Als wir beim Treffpunkt eintrafen, stand sie neben einem Bauarbeiter-Pkw mit steirischem Kennzeichen. Wir dankten dem Bauarbeiter. Die Dame stieg ein, regte sich belm Fahrer auf. Sie hat gehupt, er sei trotzdem weitergefahren. Manfred musste - wie Markus und ich - sich das Lachen verkneifen.

„Hoffentlich ist ihr das mal eine Lehre!", merkte Markus an.

Pfeilwurf im Kino

Zu dieser Zeit brach gerade das Herr der Ringe Fieber aus und wir spielten natürlich die geniale Saga des Herrn Professors Tolkien. Also unser Kino im Gasometer war sehr gut besucht und dementsprechend hatten wir alle viel zu tun. Wir waren voll ausgelastet und taten unser Bestes für einen reibungslosen Ablauf.

Da ertönte ein Funkspruch:" Saal 4 an Vorführung!"

„Vorführung hört!", funkte Gernot durch.

„Im Saal 4 gibt's einen Pfeilwurf.", meldete der Stefan der Billetteur.

Unser Vorführer machte sich auf zum Saal.

Er musste zuerst durch viele Gänge laufen und dann mit dem Lift auf eine andere Ebene fahren bis er endlich den gewünschten Vorführraum erreichte. Dort warf er einen Blick durch das Fenster der Filmvorführung. Von hier aus hatte er den ganzen Saal in Blick. Der Saal war mit Jungen und Alten Fantasy Fans gefüllt, die gespannt das Gesehen verfolgten. Auf der großen Leinwand wie Legolas also Orlando Bloom gerade mit Pfeil und Bogen unterwegs war und einige Pfeile schoss.

„Der Billetteur is a Trottel. Ganz dicht kann der net sein." seufzte der Vorführer, nachdem er extra zum Saal gerannt war. Er hatte noch viele Filme zum Einlegen und keine Zeit für solche Spinnereien.

Die Filmrollen für Herr der Ringe wogen fast 9 kg und er musste sie oft von Vorführraum zum anderen Vorführraum schleppen. Zusätzlich immer darauf achtgeben, dass sie schön aufgespielt wurden. Bei so langen Filmen stellte sich das wirklich als echte Herausforderung heraus. Selbst Gernot, der schon lange als diese Arbeit machte, war schon etwas erschöpft. Da ertönte wieder ein Funkspruch: „Vorführung bitte!"

„Ich kann net funken, wenn i den schweren Film trage.", schimpfte er völlig entnervt.

Als er im Vorführkammerl ankam, legte er den Film ein.

„Vorführung hört!", stöhnte der Mann ins Walkie-Talkie.

„Es fliegen schon wieder Pfeile im Saal", ertönte die verzweifelte Stimme des schüchternen Billetteurs.

„Net schu wieder. Ma der geht ma am Orsch. Wos wü der schu wieder?", fluchte er.

„Herr P. das ist Herr der Ringe und da fliegen Pfeile! Das sind die Waffen der Elben!", schrie er ins Funkgerät.

„Vorführung bitte kommen Sie in den Saal 4 und sehen sie selbst!", erklang die bettelnde Stimme des Kartenabreissers.

„Ja, mach ich, wenn ich den 3er und den 6er Saal eingelegt hab", willigte unser Filmvorführer ein.

Zwanzig Minuten später betrat der Vorführer den Saal und traf auf den Billetteur. Niemand schoss mit Pfeilen. Weder die Elben auf der Leinwand noch die Gäste. „Wenn ich s dir sage da haben welche mit Pfeilen geschossen!", beharrte unser Kollege. „Wer wird denn im Kino mit Pfeilen schießen?

Als der Film zu Ende war und alle Besucher den Saal verlassen hatten, machten sie sich zu zweit auf die Suche nach Beweisen. Nachdem keiner die Vorführung mit einer Armbrust oder sonstigen Pfeil und Bogen verließ, zweifelte unser Kollege noch immer an der Wahrnehmung des Hrn. P.

Da lag ein gelber Dartpfeil direkt unter der Leinwand! Sogar ein Loch war in der Leinwand zu sehen!

Der Poltergeist

Ich lag in meinem Bett und schlief. Meistens habe ich einen tiefen Schlaf. Es war schön kuschelig in meinem Bett und mitten in der Nacht, als plötzlich etwas an meinem Bett rüttelte. Zuerst nur ein wenig. Im Halbschlaf konnte ich mir keinen Reim darauf machen, schließlich wohnte ich zu dieser Zeit allein in meiner Gemeindewohnung in Wien. Da rüttelte es stärker an meinem Bett und Ich bekam es mit der Angst zu tun. Das muss ein Geist sein, eine herumwandelnde Seele, die mich heimsuchte!

In meinen verschlafenen und halbwachen Zustand rang ich nach einer Strategie, den Poltergeist loszuwerden.

Ich stelle mich einfach schlafend, kam mir die Lösung, ein uralter Trick, um nervende Kinder oder Seelen loszuwerden. So gab ich vor, noch immer tief und fest zu schlafen. Plötzlich war es mir, als ob jemand neben mir im Bett läge und die Matratze würde sich auf und ab bewegen. Das alle spürte ich und mir gruselte.

„Jetzt hat sich der depperte Geist auch noch zu mir ins Bett gelegt! So eine Frechheit! Was will der eigentlich von mir?", fragte ich mich. „Wer kann das sein? Ich habe nichts Schlimmes getan und bin stets ums Gute bemüht!

Der Geist kann nur in der U- 6 gewesen sein und sich an mir angeheftete haben", tippte ich. In der U- Bahn gibt es so manche Gestalten und negative Energien, die sich herumtreiben.

Wahrscheinlich ist er mir gefolgt, um mich in der Nacht zu ärgern. Doch war es ein Kobold, oder ein ordinärer Hausgeist?

Da fing ich an zu beten und bat um Hilfe: „Bitte lieber Jesus, hilf mir! Vater im Himmel, bitte hilf mir!"

Da ruckelte es noch einmal und ich vernahm zuerst ein Knacken in der Hausmauer, im Wohnzimmer und dann im Vorraum.

Ich lauschte, wagte nicht, mich zu bewegen geschweige meine Augen zu öffnen.

Ist er weg? Oder kommt noch ein Bettangriff?

Nichts. Es war mucksmäuschenstill. Die Matratze bewegte sich auch nicht mehr.

Na endlich, er ist weg. Danke! Ich war erleichtert; so ein Plagegeist! Jetzt ist er endlich weg. Draußen aus der Wohnung und hoffentlich raus aus dem 23. Bezirk. Da konnte ich wieder einschlafen.

Am Morgen machte ich mir eine Tasse Kaffee und schaltete den Fernseher ein, um Nachrichten zu hören und nippte an meinem Kaffee.

„Erdbeben in Österreich um 3:15 Uhr, Stärke 3,4 auf der Richterskala."

Da entpuppte sich der Poltergeist als ein physisches Ereignis - ein Erdbeben!

Ich musste laut lachen und war heilfroh, dass mich doch kein Geist besucht und wie verrückt an meinem Bett gerüttelt hatte.

Ein Bekannter aus Graz meldete sich und war ganz neidisch. „Bei euch hat es ein Erdbeben gegeben? Voll cool! Wie war das? Ma, warum haben wir in Graz keines gehabt?!", plapperte er aufgeregt in den Apparat.

„Du, i hab ´dacht, des is a Poltergeist, der mi um mein´ Verstand bringen wollt´. Auf des hätte i verzichten können!"

Mein Gehirn hatte mitten in der Nacht keine andere Erklärung für mein ruckelndes Bett und Matratzengeschaukel finden können.

Schwester Richarda

Die betagte Frau unterrichtete uns in den Fächern: Bildnerische Erziehung und in Werken. Wir versuchten aus einem Klumpen Ton einen Baum zu formen, den sie uns zuvor ausgeteilt hatte.

Da flüsterte mir eine Schülerin, die bereits bei den Schulschwestern in die Hauptschule gegangen war zu:" Die Schwester hat freche Schüler mit Scheren beworfen. Deshalb wurde sie nach Afrika geschickt. "

Meine Augen weiteten sich, meine Stirn zog Falten, ungläubig fragte ich nach:" Wer hat mit Scheren geworfen?"

„Schwester Ricarda hat mit Scheren geworfen! Ihr sind die Sicherungen durchgeschmolzen!" klärte mich Marta auf.

„Was hat sie in Afrika gemacht?" wollte ich wissen.

„Kinder unterrichtet. Irgend so ein Hilfsprogramm." flüsterte mir meine Tischgenossin zu.

„Ob sie dort die Kinder beworfen hat?", sinniere ich.

„Psst, sie kommt.", warnte mich die Fünfzehnjährige.

Schwester Richarda stolzierte an unserem Tisch vorbei und musterte mit einem scharfen Blick, unsere selbstgemachten Bäume.

„Ihr müsst aufpassen, dass ihr die Äste nicht zu dünn formt, sonst passiert folgendes. Sie nahm ein Stück Ton in ihre faltigen Hände und drehte es zwischen ihren Händen hin und her bis ein dünnes Würstchen entstand. „Alle herschauen!" forderte sie uns auf. Wir parierten.

„Also wenn es der Ton zu dünn ist, dann geht's Bing, Bing Bing" fuhr sie fort und krächzte während sie das Würstchen in viele Teile zerkleinerte und dazu das schrille Geräusch" Bing" von sich gab.

„Es bricht im Ofen! Also macht dicke Würsteln, dicke Äste." kam aus ihrem Mund und ich wollte nicht wissen an was sie dabei dachte.

Die Situation war so absurd und ihr Auftreten so grotesk, dass ich am liebsten laut gelacht hätte. Aber ich hielt meinen Lachanfall krampfhaft zurück, denn schließlich wollte ich nicht, dass bei der Ordensschwester wieder einmal die Sicherungen durchschmoren und ich mit Scheren oder sonst was beworfen worden werde.

Schließlich war der Werkraum gefüllt mit scharfen Feilen, Drähte, Scheren, Schraubenzieher, Nägeln und anderen spitzen Werkzeuge, die sich als praktische Wurfgeschosse entpuppt hätten.

Viele Jahre später, die Matura lag bereits hinter mir, wohnte mittlerweile in Wien. Dort besuchte ich mit meinen Kunstinteressierten Freunde das

Museumsquartier. Es ist ein magischer Ort! Es gab eine Ausstellung, die wir besuchten, an den Titel kann ich mich nicht mehr erinnern aber an ein Bild umso mehr.

Wen erblickte ich da? Porträtiert und eingerahmt von der Wand hängen? Schwester Richarda! Beinahe in Lebensgröße, ein Farbfoto.

Ich tippe auf eine Verwechslung, einen Streich meines Gedächtnisses. Schwestern in ihren Ordensroben sehen sich oft ähnlich. Um mich zu vergewissern lese ich die Zeilen.

Da stand schwarz auf weiß: Schwester Richarda auf den Boden blickend. 2003

„Ha, das ist sie wirklich!" rufe ich aus. „Wer wollen meine zwei Freunde wissen?"

„Das war meine Lehrerin. Wir hatten großen Respekt vor ihr, weil sie gerne mit Scheren schmiss!"

Zimmer Deluxe

Iti eine Freundin von mir, liebt Indien, sie bereist dieses verrückte und außergewöhnliche Land einmal jährlich.

Beim letzten Besuch war sie in Delhi im Einkaufsparadies in einem Hotel untergebracht, dass Lichtjahre von europäischen und auch indischen Standards entfernt lag.

In weiser Voraussicht buchte die Steirerin ein Zimmer „Deluxe" um die letzte Nacht vor der Heimreise, mit ihrer Mutter zu übernächtigten.

Die Decke roch nach nassen Hund und das einzige Fenster, war zum Flur. Kurz und bündig wirklich ein Zimmer „Deluxe" Wie wir alle wissen, leben verdammt viel Menschen in Indien und vor allem in Delhi. Die Stadt lässt Europäer echt an ihre Grenzen gehen.

Alles hat zwei Seiten, die Polarität spürt man extrem in Indien. So entpuppte sich der Lift als einen sehr lästigen Lift.

„Der wor so lästig, immer hot er jedes Stockwerk oungsogt. First Floor, Second Floor usw! Die Mama hat ka Aug zu mochn kennan, wal sie imma den Lift ghört hot.", schildert mit Iti als ich bei ihr auf der Couch saß.

„Echt?", frage ich ungläubig nach.

„Jo ständig hot der Lift gredet! Die gounze Nocht! Wenn jemand im 4. Stock in gruafn hot, dann host ghört, First Floor, Second Floor, Third Floor, Fourth Floor, obwohl kanna im Lift wor!"

„Des ist ja echt anstrengend!", stimme ich zu.

„Wenn wir net bold zum Flughafn fohrn, dann dreh i durch. I glaub i muss in die Klapse!", teilte die übernachtige Mutter ihrer Tochter mit.

Iti ist eine erfahrende Indien-Reisende und kennt das Gefühl, zu glauben verrückt zu werden. Das Land und die Atmosphäre sind so verschieden und lassen den Reisenden an seine Grenzen gehen.

Um sich ein wenig zu beruhigen, wollten sie ein Bier trinken.

Obwohl es in Delhi nicht gerne gesehen wird, wenn jemand in der Öffentlichkeit Alkohol trinkt, gingen sie ihren Durst nach. Sie haben sich das verbotene Bier heimlich im Gasthaus gekauft und mit ins Zimmer geschmuggelt. Sie hatten keinen Flaschenöffner!

Iti ist zur Rezeption gelaufen um nach einem Öffner Ausschau zu halten. Dort gab es einen fix montierten am Kühlschrank.

Die durstige Steirerin machte sich auf den Weg zum gegenüberliegenden Geschäft. Dort erkundigte sich die

Suchende, ob sie dieses heiß begehrte Küchenutensil käuflich erwerben könne. Leider nein.

Der Inder war aber sehr einfallsreich und gar nicht schüchtern: „Tell mi your room number, i will come in 5 minutes to open it."

„25, thank you very much!", sang Iti förmlich und macht sich vom Acker.

„Host an Öffner gfundn?", erkundigte sich die ungeduldige Mutter.

„Jo, der kummt in 5 Minuten!", gab Iti Auskunft.

„Wie der kummt in 5 Minuten?", hakte sie nach und runzelte die Stirn.

„Los die überroschn, wir san in Indien!"

Da klopfte es pünktlich an die Zimmertür und Iti öffnete die Türe.

Der Inder vom Laden trat ein, öffnete den durstigen Frauen ihre Biere, dann zog er Zigaretten aus seiner Tasche und bot diese zum Verkauf an. „Here is my card, you can call me until 2a.m, I can bring you cigarettes, if you need!"

Das nenne ich mal Service!

Chillidschinn

Als die steierische Hexe ihre Schätze aus dem Rucksack hervor zaubert gibt es ein Wunder! Einen Chili Dschinn der besonderen Art, wirbelte durch die Küche und überzog die Couch und sämtliche Möbeln mit einem feinen Rotgelben Farbfilm. Er kroch durch die Nase der Hexe und lies sie ordentlich niesen.

Ob der Dschinn extra nach Europa reisen wollte oder ob es mehr zufällig passierte wussten wir nicht! Als wir ihn befragten gab er zu, dass er schon lange auf dem indischen Gewürzstand wohnte und auf Reisen gehen wollte. Da schlüpfte er in einem unbeaufsichtigten Moment in den Rucksack meiner Freundin. Die blauen Zöpfe der Hexe gefielen ihm sehr gut und es musste ein besonderer Mensch sein mit Zauberkräften. In Graz angekommen, wollte er sich aus dem Staub machen, im wahrsten Sinne des Wortes und da bot sich die Chilistaubwolke als ideales Ablenkungsmanöver an. Zusätzlich hatte es lustige Nebenwirkungen, den die Hexe nieste in einer Tour und ihr Gast das Sternenwesen welches sich auf der Couch gemütlich gemacht hatte, fing an sich zu kratzen und rief:

"Sag mal hast du wieder Wanzen?"

Iti übernächtigte in Kambodscha ein einem sehr hübschen Zimmer, das Bett sah sauber aus und über diesem baumelte sogar ein Moskitonetz. Sie schlief sehr gut und als sie erwachte da juckte es am Arm. Reflexartig kratze sie sich und da juckte es auch am Bein und sogar am Po. Eigentlich juckte der ganze Körper, aber sie konnte keinen Stich ausmachen und das Moskitonetz offenbarte nach näherer Inspektion auf kein Loch.

„Was kann das sein?", fragte sie sich und bekam sie noch Fieber. Da entdeckte sie plötzlich einen Käfer im Bett und erkundigte sich bei Dr. Google. Der Käfer entpuppte sich als Bettwanze.

Natürlich meldete sie es bei der Rezeption und bekam dann auch eine Entschädigung. Dies war ein schwarzer Müllsack, in diesem sollte sie ihre Kleidung werfen den Sack zu machen und ihn in die pralle Sonne stellen. So sterben sie die Wanzen.

Sie bekam ein anderes Zimmer dort legte sie sich auf keinen Fall mehr ins Bett, sondern suchte nach einer geeigneten Schlafmöglichkeit. Auf dem Balkon wurde sie fündig. Eine Hängematte fristete ihr Dasein und wurde von Iti sofort umfunktioniert. Zuerst musste sie aber die gefühlten 33 Knoten entwirren und sie wieder aufhängen.

"Hilft das denn auch in der Hängematte zu schlafen?",
fragte eine Bekannte nach.

„Ja schon, weil im Bett liegst ja voll Angerichtet da!", und
sie machte eine Pose, die an ein Model erinnert welches
mit Obst dekoriert auf einem Tisch liegt. Ein
Festschmaus für die Wanzen so zusagen!"

Das Licht lies sie über Nacht an, weil die Bettwanzen nur
im Dunkeln kommen. Als die Steirerin auf dem Balkon
endlich einschlief in sicherer Höhe vor den Wanzen da
lag, gab die Hängematte ihren Geist auf und knallte mit
der Schlafenden auf den Boden. Sie besuchte ein
Krankenhaus der Arzt kommentierte: „Zu viel gejuckt zu
viel gekratzt. Allergie!"

Seitdem beschleicht mich ein ungutes Gefühl, wenn in
mich in ein fremdes Bett lege!

Ausgetrickst

Wolfi und sein Sohn sind echte Rapidler und freuten sich als sie im Stadion waren und 3:1 gewonnen haben. Als sie zurückkamen und beim Haustüre eintreten wollten, trafen sie auf zwei Jugendliche. Einen jungen Mann und eine junge Frau die gerade damit zu tun hatten zwei Räder aus den Stiegenhaus auf die Straße zu tragen.

Sie wurden höflich auf das Spiel angeredet, nachdem es offensichtlich war, dass sie Rapid Fans waren.

Max der elfjährige trug einen Schal um den Hals gewickelt eine Rapid Trainingsjacke und darunter blitze das Rapid T-Shirt hervor. Wolfi trug ebenfalls einen Schal und eine grüne Rapid Kappe.

Der eingeschweißte Fanclub gab gerne Details über den Spielverlauf.

„Es gab in der 20 Minute einen Elfmeter, der wurde super vom Goli gehalten. Das erste Tor hat Maierhofer geschossen und die anderen auch" erklärte der Bursche.

Der Jugendliche fragte gezielt nach, während er das Rad aus der Türe hievte:" Gegen wen habt ihr nochmal gespielt?"

Gegen Red Bull Salzburg. Ein starker Gegner." fachkundige jetzt auch Wolfi der Rapid Vater.

„Wir helfen euch!", rief Maxi und hielt die Türe auf damit, die zwei Jugendlichen leichter durch die Türe kamen. Dabei fiel ihm auf, dass das Rad für die junge Frau zu klein war, erzählte dann aber weiter vom Match.

„Die Stimmung im Stadium war sensationell, wir haben die Welle gemacht und gesungen. Alle haben sich umarmt und geschrien." erzählt Maxi von dem beeindruckenden Erlebnis im Happel Stadium.

Wolfi hob den Hinterreifen etwas an damit der junge Mann einfacher mit dem klobigen Rad durch die Türe kam. Im Gedanken noch im Stadium und das Adrenalin auf Hochtouren.

„Danke für die Hilfe! Schönen Abend noch!", verabschiedete sich der junge Mann und setzte sich aufs Rad.

„Gerne", sang der Rapidler überschwänglich.

„Gratuliere noch mal zu eurem tollen Spiel und feiert s schön!" flötete die junge Dame und setzte sich auf das viel zu kleine Jugendrad. Dann traten die zwei in die Pedale und waren fort.

Vater und Sohn klatschten noch einmal ein und umarmten sich, weil sie sich so über den Sieg freuten.

Im Stiegenhaus bemerkte der Vater, dass die Fahrräder, die er und sein Sohn für gewöhnlich abstellten, fehlten. Der Platz war leer. Sie liefen die Steigen hinauf bis in den ersten Stock, dort sperrte das Familienoberhaupt die Wohnungstür hastig auf.

„Hallo, ich habe schon gehört, dass Rapid gewonnen hat! Super!", begrüßte die Ulli ihren Mann und ihren Sohn.

„Ja es war super. Einfach genial." sang Max und hüpfte vor Freude.

„Du Ulli sag mal hast du unsere Räder in die Wohnung getragen?", erkundigt sich der Ehemann.

„Nein, warum?", fragte Ulli und runzelte ihre Stirn.

„Na unten im Stiegenhaus stehen sie nicht mehr.", seufzte Wolfi und in diesem Moment fiel es ihm wie Schuppen von den Augen.

Die zwei Jugendlichen haben ihre Fahrräder vor ihren Augen gestohlen und sie haben noch dabei geholfen!

Italienerinnen haben keine Zahnschmerzen!

Ein paar Monate lang wohnte ich mit einer Süditalienerin in Rom. Als Naschkatze wollte ich eines Tages selbst ein Tiramisu machen. Wo sollte es mir denn besser gelingen als in Italien selbst - in der Stadt der Städte mit der Meeresbrise von Ostia!

Ich besorgte Biskotten, Mascarpone, Kaffee und etwas Rum. Dann stellte ich die kleine Espressokanne auf und machte mir eine kleine Menge Kaffee, gerade für zwei Tassen, und ließ ihn abkühlen.

Beim Öffnen der Biskotten stellte ich fest, dass italienische sich leicht von den vertrauten österreichischen unterschieden.

Den Rum leerte ich großzügig in den Kaffee und machte mich daran, den Mascarpone mit Zucker zu vermischen. Dann nahm ich ein passendes Gefäß, um die erste Schicht an Biskotten reinzulegen.

Als Hausübung sollte ich eine Kochanleitung auf Italienisch verfassen. Ich war gerade mal vier Wochen in Italien und sollte so etwas schreiben. Der Imperativ gehört erlernt!

Ja, aber warum eine Kochanleitung? Wir hatten keinen Wortschatz, der über solch ein Prozedere angereichert wäre.

Die Schulen sind überall eigenartig, egal wo. Selbst in meiner Bildungskarenz kann ich mich über so etwas ärgern.

Das Tiramisu war eine tolle Ablenkung. Meine Mama hat mir als Kind schon erklärt, wie man diese süße Versuchung zubereitet.

Es ist wirklich einfach. Schicht für Schicht. Eine Schicht Biskotten, darauf Mascarpone Creme usw. Oben angelangt endet man mit der Creme und streut mit einem Sieb das dunkle Kakaopulver darüber. Abschließend das fertige Tiramisu kaltstellen.

„Am besten schmeckt es, nachdem es eine Nacht durchgezogen ist!", hatte mich meine Mama gelehrt.

Die Meinung einer waschechten Italienerin war mir wichtig. „Willst du ein bisschen Tiramisu?" Die Mitbewohnerin kostete. Sie machte große Augen und bohrte mit ihrem Zeigefinger in ihre Wange.

Auweh, jetzt hat sie Zahnschmerzen! War es doch zu süß?

Sie nickte mit dem Kopf und bohrte jetzt noch etwas tiefer in ihre Wange.

Ma, das war mir jetzt aber peinlich! Mein Dessert bereitet ihr wahre Schmerzen.

"Tutto a posto? Alles ok?", wollte ich wissen.

Jetzt tippte sie auf die Unterseite ihre Wange, also dem Unterkiefer. Es musste der 6er sein, der ihr zu schaffen machte. Es war schon nach sieben, jetzt hatte auch kein Zahnarzt mehr offen. Eine Nacht mit Zahnschmerzen kann ganz schön lange sein!

„Hast du Zahnweh?", fragte ich sie auf Italienisch. Maria schaute mich verdutzt an und schüttelte den Kopf. Ich kannte mich nicht mehr aus. Sie bohrte mit ihrem Finger in der Wange und hatte kein Zahnweh. Wie geht das? Ich verstand die Welt nicht mehr!

Dann erklärte die Süditalienerin mir, dass diese Gestik „Sehr gut! Buona!", bedeutet.

Donner, Wetter, Blitz

Es blitzte und stürmte, der Strom fiel aus. Mama und ich waren alleine zu Hause, als es draußen vor unserer Türe unvorstellbar donnerte, wetterte und blitzte. Es machte mir Angst, ich war gerade mal drei bzw. vier Jahre alt und das Gewitter war wirklich heftig. Der Sturm peitschte die dicken Regentropfen an das Fenster. Meine Mutter zündete eine Kerze mit einem Streichholz an. Das Spatsommergewitter hörte sich wie der Untergang der Erde an. Laut und bedrohlich ging es wild um und der Kirschbaum vorm Fenster wurde hin und her gerissen.
"Hast du Angst?", fragte mich meine Mutter und ich nicke.
"Brauchst keine Angst zu haben, Sonja! Ich bin ja hier bei dir", sie umarmte mich und versuchte mich zu beruhigen. Ich schaute sie mit großen Augen an und sie erklärte mir: "Das helle nennt man Blitz und es ist gefährlich, deswegen ist es gut, dass wir im Haus sind. Wir haben einen Blitzableiter am Dach und so kann der Blitz nicht ins Haus einschlagen."
Diese Naturgewalt war so stark und mächtig, ich fühlte mich klein.

"Weißt du was, legen wir uns ins Bett und verstecken uns unter der Decke!" -Mama schüttelte die 70 er Jahre Decke mit quitschgrünen Kreissegmenten über mich. Die Kuscheldecke bildete ein kleines Zelt und das mitten im Doppelbett meiner Eltern. Mama setzte sich zu mir ins Bett und wir beide lauschten dem Regen, sahen die hellen Blitze und daraufhin den lauten Donner.

"Das laute heißt Donner", fuhr sie fort und ich war überrascht, welche Phänomene es hier auf dem Planeten gibt. In welches Abenteuer habe ich mich da wieder reintheatert, dachte ich mir und versuchte eine Verbindung zu meinen Leuten herzustellen. Das gehört alles so, vertraue und folge deiner Mission, bekam ich im Gedanken und als Gefühl zurück. Ein paar vertraute Gesichter der aufgestiegenen Meister erschienen und ich fühlte mich geborgen.

Meine Mission: dieses aufregende Leben auf dem Planeten zu erleben.

Mama umarmte mich und flüsterte mir zu: „Es wird bald vorbei sein! Das Gewitter lässt schon langsam nach!"

Heutzutage, wenn es stürmt, denke ich an meine Mama und unser gemeinsames Erlebnis mit den Naturgewalten. Wenn es bei mir im Leben stürmt, hagelt, blitzt und donnert, denke ich nach wie vor an die Worte meiner Mutter: „Es wird bald vorbei sein!"

Gratis nach Mailand

So kam ich auch zu einem Aufenthalt in Mailand. Ich war schon eine Weile nicht mehr in Italien gewesen und wünschte mir auf meinem Weg nach Hause wieder in unser geliebtes Nachbarland zu reisen. Wenn möglich natürlich gratis. Ich wünschte es mir, blickte zu den Sternen und bedankte mich auch gleich. Prompt rief mich mein ehemaliger Chef an und erkundigte sich:

„Hallo Sonja. Sag a mal, magst du nach Italien?"

„Äh, ja.", ich konnte es nicht fassen, wie schnell sich mein Wunsch erfüllt. Der Lieferservice des Universums ist ja blitzschnell!

„Wenn du magst, kannst du mit uns nach Mailand fliegen, also in 2 Wochen von Freitag bis Sonntag. Wir schauen uns das Konzert vom Paul McCartney an und du brauchst nur auf Leo zu schauen."

Zu dieser Zeit arbeitete ich als Nanny und betreute drei Jungs in ihrem Einfamilienhaus. Leo war mit fünf Jahren der Jüngste.

„Ja, gerne."

„Dann buche ich heute gleich den Flug, schick mir bitte, wenn du zuhause bist, gleich ein Foto von deinem Pass.", forderte mich der Kaffeesieder auf.

„Mach ich!“, sang ich vor Freude und hopste den Nachhauseweg entlang.

Das Gespräch war beendet und ich blickte zu den Sternen. Sie funkelten mir zu und grüßten mich. Vielen Dank, liebes Universum und lieber Gott! Es ist wunderbar, wie ihr meine Herzenswünsche erfüllt.

Wir fuhren mit dem Multi Van zum Flughafen und checkten bei der Austrian Airlines ein. Das war für mich ungewohnt, zu dieser Zeit flog ich meistens mit einer Billigfluglinie. Als wir ankamen, stiegen wir ins Taxi und wurden zum Hotel gebracht, das nur wenige Gehminuten vom Mailänder Dom entfernt liegt. Der Hotel Floor ist mit rotem Samt ausgelegt und alles, was man mit Gold verzieren werden kann, war mit diesem überzogen. Das Zimmer war sehr hübsch und elegant. Die Jungs waren im Nebenzimmer untergebracht und daneben die Eltern. Gemeinsam schlenderten wir durch die Altstadt und es war einfach wunderschön. Die alten Gebäude zu sehen und der Dom war so groß wie 10 Kirchen. An manchen Ecken stand ein teures Auto. Es gab noble Geschäften wie Gucci oder Armani. Eine Handtasche kostete so viel wie ein kleiner Urlaub für mich. Die Welt ist schon a bisschen schräg, dachte ich mir.

Bei dieser Boutique stehen immer zwei jung-trainierte Männer vorm Laden, oben ohne. Man kann die Sixpacks deutlich erkennen. So werden Teenies angezogen, die dann die jungen Männer beäugen und Fotos mit ihnen machen.

Wir lachten, denn die Jungs trugen seit ein paar Jahren nur diese Klamotten und transformierten sich so zu Models. Schon seit einigen Jahren meinte ich, dass sie exakt so aussehen. Bei einem Kleidungsgeschäft wurde Ferdinand angesprochen, ob er nicht ein Model werden möchte. Sie erklärten, dass sie aus Wien seien. Dort werden ein paar Shops eröffnet. Eine Visitenkarte wurde ausgehändigt und wir shoppten weiter.

Als mir schwindlig wurde, aufgrund einer Zahn-OP, verließ ich das Geschäft und bestellte mir eine Cola. Ratet mal wie viel eine kostete?

8,50 Euro. Meiner Meinung nach eine Frechheit!

Frau Bär

„Wo ist die Frau Bär?", ruft Anna und Verzweiflung liegt in ihrer Stimme.

Jeden Abend das dasselbe. Ihr Kuscheltier „Frau Bär" muss mit ins Bett und sie kann die bärige Frau nicht auf der Stelle finden. Alarmstufe Rot. Imaginäre Sirenen gehen los und Jürgen und ich sind auf Deck. Alle Etagen werden auf die Vermisste abgesucht.

„Sie war im Wohnzimmer unter der Decke!", kommt mein Liebster mit der guten Frau Bär die Treppe hochgestiegen.

„Danke Papa!", rief Anna und freut sich riesig.

„Es is jo net so als hätten wir nur a Frau Bär!"

„Ach so?", erkundige ich mich.

„Nein wir haben 5 Ausführungen davon. Aber sie will die abgeschnuddelste haben, die hat den speziellen Geruch!

„Ich hole noch eine Frau Bär.", sagt der Vater und bringt eine nagelneue aus dem Kinderzimmer. Die kleine kuschelige Bärin erschien pünktlich zur Geburt Anna und ist seitdem nicht mehr von ihrer Seite gewichen.

„Jetzt habe ich 2 Frau Bär!" singt Anna vor Freude und hält in jeder Hand eine, zum Kuscheln.

„Na klass, jetzt kao ma imma zwa suachn gehn!", stelle ich fest und wir lachen.

In der Früh möchte Anna sie mit in den Kindergarten nehmen, das ist aber nicht erlaubt. So bleiben die Bären im Auto bei Jürgen sitzen und wartet bis Anna vom Kindergarten wieder ins Auto steigt.

„Was i schon mitgemacht hab wegen Frau Bär! Wo i schon überall hinfahren hab müssen, weil sie sie beim Opa oder bei der Oma vergessen hat! Einmal hat sie ihn im Kindergarten vergessen und es war Freitag!"

Mir gefällt Frau Bär gut. Sie sieht herzlich und richtig verschmust aus. Gestern ist sie mit uns in den wiedereröffneten Park gegangen. Das war eine Freude! Nach so langer Schließung wieder einen gepflegten Park besuchen. Hier in Voitsberg gibt es einen Springbrunnen der rundherum mit Holzskulpturen gesäumt ist. Es sind die Sternzeichen und da stehen unsere drei nebeneinander. Ein Löwe, dann die Jungfrau mit tollen welligen Haaren und wunderschöne Blumenschmuck daneben die Waage.

„Schauts wir drei, gleich nebeneinander! Sie sind in der richtigen Reihenfolge!"

Anna springt in den Springbrunnen und hüpft herum. Sie ist in kürzester Zeit klatschnass und hat ihre helle Freude mit dem kühlen Nass! Sie quietscht vergnügt und lacht und spritzt das Wasser in die Luft. Schön, dass sie so eine Freude hat!

Jürgen und ich sitzen am sonnengewärmten Boden und Frau Bär bei meinen Füssen. Da habe ich beschlossen eine Geschichte der treuen Bärin zu widmen. Denn jedes Kind hat so eine Gefährtin oder Gefährten, den es liebt! Ich hatte einen hellbraunen Teddybären, den ich alles erzählte und der mir immer Trost spendete. Danke ihr lieben Kuscheltiere, dass ihr für unsere Kinder da seid und ihnen gute Freude seid!

Zu Fuß ans Meer

„Wir gehen zu Fuß bis an Meer.", verkündigte mir meine Schwester Bea, vor ein paar Jahren.

Jeder hatte einen recht leichten Rucksack von nur 15 kg am Rücken und von Eibiswald starteten sie und ihr Freund. Nach einem Berg gelangten sie nach Slowenien und es war eigenartig, dass die Leute eine andere Sprache sprechen. Es ist schon interessant. Eines Morgens, sie übernachteten in ihrer kleinen Behausung namens Wurfzelt, war alles in Feuerrot eingetaucht. Schlaftrunken und müde von den Strapazen weckte sie ihren Freund auf: „Es brennt, es brennt", rief sie voller Panik.

Als Peter aus dem Zelt lugte und die Umgebung rot verfärbt war, beruhigte er sie: „Das ist nur der Sonnenaufgang. Hast du noch nie einen Sonnenaufgang am Berg gesehen?"

„Nein. Bist du dir sicher, dass das nur die Sonne ist?", hakte sie nach.

„Ja glaub mir. Schau mal, es ist das Licht, das alles in feuerrot erscheinen lässt", erklärte er meiner ungläubigen Schwester.

Wie ein kleines Kind, das zum ersten Mal einen Regenbogen sieht, saß meine Schwester vor dem Zelt und schaute fasziniert auf ihre Hände, die ebenfalls ins Morgenrot getaucht waren. Wunderschön, die Lichtung mit dem roten Lichterzauber, dass das Pärchen ein wob in ein Märchen. Kein Wunder, dass es so viele Märchen gibt, die in Wäldern stattfinden. Jetzt waren es die zwei jungen Österreicher, die Zeugen und Protagonisten dieser Zauberwelt wurden.

Auf der Reise sollten die zwei Abenteurer, aber auch Bekanntschaft mit einem ganz kleinen Insekt machen. Auf dieses kurze Treffen hätten sie gerne verzichten können!

Als sie gerade an einem Kuhstall vorbeiwanderte rief Beatrice aus: „Aua jetzt hot mi grod am Bremsn gstochn!" „Aua mi a!", bemerkte Peter genervt. Und plötzlich kam ein schwarzer Schwarm Bremsen auf sie zu geflogen. Sie wurden von den nervenden Blutsaugern attackiert und liefen so schnell sie konnten den Berg hinauf. Alles war schwarz vor lauter fliegenden kleinen Monster. Beatrice und Peter schlugen auf die andockenden Vampire um.

"Klatsch, klatsch" machte es im Eiltempo bis sie wie im Zeichentrick Film einen See fanden. Sie zogen sich aus und sprangen hinein. Tauchten unter und endlich ließen der Horror-Bremsenschwarm von ihnen ab.

„Ich wusste nicht, dass sie in Kooperation arbeiten!“, erzählte sie mir überrascht als ich ihre Geschichte aufschrieb.

Rumkugeln san ka Leckerli

Dunkle saftige Rumkugeln mit viel 80 Prozentigen Rum hat Sabine am Sonntag in ihrer eigenen Minikonditorei zu Hause in der Küche. Die fertigen Kügelchen legte sie behutsam in kleine bunte Papierkapseln und dann in eine große Schale. Das Schlafzimmer erwies sich als gute Vorratskammer für diverse Weihnachtsbäckereien und deshalb stellte sie die Schüssel auf die alte schwere Holztruhe im kühl gelegenen Zimmer.

Es war auch die absolute Tabuzone für den süßen zotteligen dunkelbraunen Cockerspaniel Trixi.

Sabine und ihr Partner verließen Montagmorgen die Wohnung, um ihrer Arbeit nachzugehen. Als Bine am Abend nach Hause kam, erlebte sie ihr blaues nein ihr braunes Wunder!

Vor dem Kühlschrank breitete sich gleichmäßig eine zähflüssige undefinierbare braune Flüssigkeit aus.

„Scheiße, da ist etwas ausgeronnen!" war ihr erster Impuls. Irgendetwas muss im Kühlschrank aufgeplatzt sein, dachte sie sich. Sie holte ihren Putzfetzen und den Kübel, ihr Lieblingshaustier kam auf sie zu getorkelt und konnte sich kaum auf den Beinen bzw. auf den Pfoten halten.

Schwankend kam sie in Schlangenlinien näher.

Erst jetzt erkannte sie die Spur aus leeren Papierkapseln, die Richtung Schlafzimmer führten. Sie folgte den Hinweisen um das ganze Ausmaß der Plünderei zu erkennen. Die Schale war leer! Der Hund! Oweh! Schokolade ist giftig für Hunde! Ich habe den Hund vergiftet! Was wenn der jetzt stirb?

Dicke Schweißperlen bildeten sich blitzschnell auf ihrer Stirn. Alarmstufe Rot! Verzweifelt griff sie nach ihrem Smartphone und rief Heinrich ihren Partner an, der die Hündin mit in die Beziehung brachte.

„I hob den Hund vergiftet!", schrie sie hysterisch ins Mikrofone. „Sie hot olle Rumkogln aufgfressn."

„Mach dir keine Sorgen, Schatzi des wird schon wieder." lachte er ins Telefon. Er fand es furchtbar lustig. Sabine hingegen fühlte sich als Mörderin in spe oder in futuro und machte sich Sorgen um die Hündin, die beinahe gegen jedes Kasterl prallte.

Der Hundebesitzer schien, den Ernst der Lage nicht begriffen zu haben, deshalb legte sie auf und alarmierte die hiesige Tierärztin.

Inder zwischen Zeit gab das Hundeschnäuzchen den restlichen Mageninhalt gut püriert und halbverdaut hervor.

Sabine putze fleißig das Verputze auf. Um nur wenige Minuten später die nächste Fuhr oder Ladung vom Verdrückten aus den schönen Teppich zu säubern.

Als die Tierärztin erschien, hatte der Hund nur mehr wenige Promille und keinen Mageninhalt mehr.

„Gut, dass sie alles erbrochen hat, sonst hätte sie eine Kolik bekommen!" stellte die Ärztin fest.

Erleichtert ging die Hobbykonditorin und ihre zottelige Kundin spazieren. Genauer gesagt die Betrunkene torkelte noch immer und stieg nach dem Gassi gehen ins Glück.

Das Glück oder die Sch... wurden dann fein säuberlich und von Hand wie in einer Manufaktur ausgewaschen.

So viel Glück an einem Tag war Sabine dann doch zu viel!

„I moch nie mehr Rumkugeln, das schwör i ma!" hörte man sie im Badezimmer fluchen.

Klorenovierung

Die Fliesenleger sind da. Das Klo wird demontiert. „Ui! Ich muss aufs Klo." das war jetzt schon ein bisschen überraschend, aber was soll ich machen. Da müssen wir jetzt durch. Es ist 7:15, dann ab in den Garten, denk ich mir und ziehe mir meine Schuhe an um mein dringendes Geschäft dort zwischen hohen Grasbüscheln zu verrichten. Gott sei Dank ist unser Garten auf einer Seite nicht einzusehen, danke ich dem Himmel, während mein nackter Po der kühlen Morgenluft ausgesetzt ist.

Gehämmer, Stemmen, Staub. Letzteres ist so fein und verbreitet sich gleichmäßig in jedem Zimmer. Das Klo und das Bad sind das Epizentrum. Ein Erdbeben und die Staubwolke überzieht das Haus.

Jede Ritze wird ausgefüllt vom feinen Weiß. Fließen wandern in den Garten. Der Bauschutt häuft sich und bildet eine Mauer. Er wird Kiste für Kiste gestapelt. Auch die Toilette ziert nun unseren Garten. Die Duschtasse folgt und auch die Eckbadewanne breitet sich auf der Wiese aus. Schmuck sieht es aus unter dem Nussbaum. Ein wahrlich wundervoller Spa-Bereich der sich im novemberlichen nebelüberzogenen Rasen ausbreitete.

Das Bad ist mittlerweile leerer als leer. Alles ist draußen, es ist nur der nackte Beton, der einen entgegenblickt und selbst der hat Rillen, weil neue Wege gestemmt wurden. "Willkommen auf der Baustelle" denk ich mir und komme mir wie in einer Endlosschleife vor. Das ständige renovieren ist schon sehr strapaziös. Leben im Dreck und in der ständigen Arbeit. Natürlich immer mit dem Ziel vor Augen es wird danach so schön aussehen. Was es dann auch tut bis man wieder das nächste Projekt vorbereitet, plant, darauf spart und es dann durchführt. Also lebt man von Baustelle zu Baustelle und das neben der Arbeit.

Aber irgendwann ist man ja fertig. Obwohl ja jeder meint der ein Haus besitzt:" Ja dann geht wieder alles von vorne los!"

Aber nichts desto trotz ist es wundervoll seine eigenen Vierwände zu haben.

Nach einem Tag ohne Water Closet also ohne WC – Toilette. Das ist echt eine Herausforderung, überhaupt, wenn man gerade einen Espresso getrunken hat, der Verdauungsfördernd wirkt. Es regnete gerade und ich verspürte einen gewissen heftigen Druck. Was tun? Zu meiner Schwester, kann ich nicht mehr fahren, das geht sich nicht mehr aus. Gott sei Dank haben wir einen Garten und ein Teil ist nicht einsehbar. Also hinauslaufen in den Regen und sich erleichtern. Der Regen ist die natürliche Spülung. Dann nehme ich ein Wäschewanderl und fülle mir 2 leere Mineralflaschen mit warmen Wasser an und nehme mir ein Stück selbst gesiedete Seife mit Mohn. So kann ich mich im Zimmer super waschen, wie im Mittelalter, und gieße das warme Wasser aus der Flasche. Es funktioniert überraschend gut. Danach trockne ich mich mit einem blauen Handtuch ab, schlüpfe in meine Kleidung und entleere das Wanderl im Garten. Was man nicht alles tut, um ein schöneres Haus zu haben!

Das Schild für Schildbürger

Friedrich leitet eine Bank seit vielen Jahren und sitzt beim morgendlichen Espresso vor seinem Firmen PC. Als er vertieft in seine Arbeit einen kräftigen Schluck vom duftenden aromatischen Gesöff nehmen will, rinnt ihm die Suppe am Gesichtsschild hinunter. Der Kaffee tropft auf seine Hose und er ruft: „Schei...! So was, jetzt hob i des deppate Schüd vui vergessn!"

Gott sei Dank war der Espresso recht kurz und die Flecken auf der dunklen Hose gut kaschiert. Der Büroalttag konnte wieder den Covid- Maßnahmen gerecht weitergehen. Das Schild kurz geputzt und einen neuen Espresso heruntergedrückt.

Es sollte aber nicht der einzige Fauxpas bleiben. Nein auch seine Frau hatte am Wochenende einen sensationellen Auftritt!

Die Temperaturen und die Lockerungen erlauben die Konsumtion von Eis bei den Eisdielen.

Frau Gattin und auch die beiden Töchter waren mit von der Partie um sich mit frischen heimischen Cremeeis zu verwöhnen.

Jeder bestellte sich drei Kugeln Eis. Die Frau Gattin konnte es kaum erwarten das erste Eis der Saison zu schlemmen.

„Himbeere, Topfen und Schokolade!", war ihre Wahl und nahm die Tüte entgegen. Sie will es zum Mund führen, aber kurz davor machte es einen leichten Klatscher! Das Eis wurde hervorragend vom Abwehrschild ähm Gesichtsschild aufgefangen. Abgewehrt! Ein Eisschild umfunktioniert, schützt vor lästigen Kalorien und einer unvorteilhaften Bikinifigur!

Ein bunter Fleck auf der Scheibe und brüllendes Gelächter der Töchter, die Augenzeuge der Corona-Sicherheitsmaßnahme 2020 wurden.

Nova Rock – etwas feucht

„Wir fahren jetzt zum Nova Rock. Magst mitkommen?",
fragt mich Sandra.

„Ich würde schon gerne, habe aber echt kein Geld."

„Das kann ich dir borgen, komm doch mit!", bietet mir
Harald, ihr Bruder, an.

„Wirklich? - Ich habe kein Zelt und keinen Schlafsack."

„Kein Problem, schlaf halt einfach bei uns im Zelt!",
bestärkt mich die Wienerin.

Ich packe schnell einen Kapuzenpulli und ein großes
Handtuch ein. Wenn es warm ist, kann ich im Freien
schlafen, denke ich mir und hüpfe mit ihnen die Stiegen
hinunter.

Wir sitzen zu viert im Auto: die zwei Brüder der Freundin,
Sandra und ich.

Auf der Autobahn brettern wir dahin und sind voller
Vorfreude. Ich habe gar keine Karte.

„Wir werden schon eine für dich finden", sagt Harald.

Auf einer riesigen Wiese lassen wir das Auto zurück und
spazieren zum Eingang. Da vernehme ich eine Stimme:
„Karten zu verkaufen."

40 Euro will die junge Frau. Eine Freundin hatte kurz
zuvor abgesagt. Harald handelt beinhart auf 35 Euro

runter und die Karte ist meine. Der Normalpreis beträgt stattliche 54 Euro.

Wir glühen vor und sehen uns Slip Note und Metallica an. Ein Hammer Konzert! Am Standl sprechen uns Mädels zwei hübsche-junge Männer an, wir kommen ins Gespräch. Plaudern eine Weile, Sie laden uns auf ein Bier ein. Dann auf das zweite und das dritte. Der blonde blinzelt mich an, darauf strahle ich ihn von Herzen an. Zu den legendären Gitarrenklängen berühren sich unsere Lippen. Er ist ein brillanter Küsser und riecht phänomenal.

Es ist ein warmer Sommertag und als die Stimmung am Höhepunkt angelangt ist, erscheint oberhalb der Bühne eine dunkelschwarze Wolke. Es sah mehr und mehr nach Regen aus. Es platschten warme Regentropfen auf uns. Das störte uns nicht im Geringsten. Richard und ich verkrochen uns unter dem Handtuch und küssten uns leidenschaftlich. Plötzlich fühlte ich etwas Nasses. - Oje, der Boden war schon so feucht, dass auch wir nass wurden. Mein Aufriss und ich mussten stehen, langsam wurde es etwas ungemütlich. Mir wurde schnell kalt, deshalb streifte ich mir meinen Kapuzenpulli über. Der Gentlemen versuchte mich mit einer innigen Umarmung zu wärmen. Dann brach schon die Nacht herein und wir hatten nach wie vor kein Zelt. Meine Freunde hatten ein

Minizelt, mit dem sie selbst ein Platzproblem hatten. Mittlerweile war es schon 1 Uhr morgens, die Besucher sind betrunken und ließen ihre Becher fallen. Es gibt 1 Euro Einsatz pro Becher. Daher sammelte ich die Becher bückend ein.

Diese tauschten wir bei der Bar gegen Bier ein. Um uns warmzuhalten, gingen wir Hand in Hand spazieren. Währenddessen fanden wir am Gelände eine Menge an Bechern, nach 2 Stunden hatte jeder von uns 70 Becher gefunden. So versuchten wir uns wachzuhalten, um die feuchte Nacht zu überstehen. Am nächsten Tag waren wir ein paar Euro reicher. Belohnt wurden wir mit einem wunderschönen Sonnenaufgang und einem gemeinsamen Frühstück. Im Laufe des Tages fand uns sein Kumpel und sie fuhren heim. Abschiedskuss und Umarmung gab es als Trostpflaster.

Nina und das Studium

Eine Freundin von mir, nenne ich sie Nina, denn sie will unerkannt bleiben, studiert auf der Karl-Franzens Universität in Graz. Sie ist im 8 Semester für Erziehungs- und Bildungswissenschaften.

Neben dem Studium hat sie eine ganze Liste an Teilzeitjobs bereits angenommen, um ihre Lebenshaltungskosten zu decken. Die junge Frau hat vIele Qualitäten, wo sich jeder Chef über so eine Mitarbeiterin freuen kann.

Die Studentin ist verlässlich, freundlich, hilfsbereit und bodenständig. Alles in Allem würde ich sie als praktisch veranlagt einstufen. Das wissenschaftliche Arbeiten auf der Universität und das sachlich Abhandeln von Seminararbeiten ist für sie ein Graus. Sie plagt sich beim Schreiben und kämpft sich mehr oder wenige gut durch den Universitätsdschungel.

Im Fach qualitative Forschungsmethoden wollte sie ihre Bachelorarbeit schreiben, weil ihr die Professorin sehr sympathisch war. Die Lehrbeauftragte trägt gerne ein Hard Rock Cafe T-Shirt und dazu passend eine schwarze Jeans, Blumen-Cowboystiefeln. An den Händen glänzen silberne Totenkopfringe und einen dunkel violetten Nagellack. Sie hat einen Pony, der perfekt zu ihren außergewöhnlichen Kleidungsstil passt. Also ungewöhnlich für eine Professorin auf der Universität.

Kurzum das gesamte Erscheinungsbild machte einen jugendlichen und modernen Eindruck. Nina schloss darauf, dass die Anfang-Vierziger Dame sehr aufgeschlossen und einfach cool sei.

„Frau Professor kann ich bei ihnen die Bachelorarbeit schreiben?", erkundigte sich die Studentin.

„Ja, dafür benötige ich aber ein Exposé. Bitte schicken Sie es mir per Mail!", forderte die Stiefelträgerin ein.

„Ja, mach ich", flötete Nina, die sich über die Zusage freute. Bei der nächsten Seminarstunde suchte die Mitte Zwanzigjährige die Professorin auf und erkundigte sich nach dem Status des Exposés.

„Frau Böhm, das passt mir nicht. Bitte bessern Sie es aus und schicken Sie mir es erneut!", gab die Gelehrte von sich.

Eine Woche darauf wieder nach dem Seminar. Nina geht auf die schwarz gekleidete Rockerin zu.

„Es passt noch immer nicht. Es ist viel zu einfach geschrieben. Wir befinden uns auf der Universität da erwarte ich mir Fachausdrücke!", fuhr die schon etwas genervte Totenringträgerin, die etwas verloren wirkende Studentin an.

„Ich werde die Arbeit nicht in diesem Fach und nicht bei Ihnen schreiben", antwortete die etwas verzweifelte Teilzeitangestellte. Mittlerweile hatte sie ein anderes Fach gefunden, welches mehr mit ihren Fähigkeiten kongruent ging.

„Na Gott sei Dank!", rief Frau Professorin mit voller Inbrunst aus.

Nina und die Couch

Eine liebe Freundin von mir, ihr Name ist Nina, hat ein "Handal" für Menschen. Sie zieht die schrägsten Leute und Situationen an. Zum Beispiel wollte sie ihre alte Ledercouch verschenken und gab es in die Facebook Seite namens „Share and Care". Daraufhin meldete sich ein Grazer und wollte das wuchtige Möbelstück bei Nina in der Altbauwohnung, abholen.

Die attraktive Frau machte noch einmal drauf aufmerksam, dass das wuchtige Möbelstück ein paar Flecken habe. Genau aus diesem Grund habe sie einige Fotos von verschiedenen Seitenansichten der Couch aufgenommen und sie inseriert mit dem Vermerk „Achtung sie hat sichtbare Flecken".

„Kein Problem", versicherte ihr der Interessent und vereinbarte einen Termin mit der Studentin um die Sitzgelegenheit mitzunehmen.

Einige Tage später stand der Typ auf der Matte. Die junge Studentin ließ ihn herein und zeigte ihm die üppige schwarze Couch. Nach genauer Inspektion und Untersuchung der Flecken fuhr der Typ meine Freundin an:" Das ist ja eine Frechheit! Die hat, schaut ja total grindig aus!"

„Oh, ich fand sie recht okay. Leider habe ich in meiner neuen Wohnung keinen Platz für das Teil. Deshalb verschenke ich sie sonst hätte ich sie mir behalten."

„Ich nehme sie nicht mit! Sie können mir die 30 Euro bezahlen, die ich für die Miete vom Umzugswagen bezahlt habe!" forderte er forsch.

„Wie bitte?", erkundigte sich Nina, sie glaubte sich verhört zu haben.

„Ja, ich habe mir einen kleinen Laster ausgeborgt, um diese Couch zu holen. Das können sie mir jetzt bezahlen!", insistierte er.

„Was? Sicher nicht! Verlassen sie sofort meine Wohnung.", konterte die Studentin.

„Dort unten steh der Wagen. Alles umsonst, der ganze Aufwand! Das hätten sie mir vorher sagen können das die Couch so schirch ist!", schimpfte der unverfrorene Typ.

„Bitte? Ich hab genaue Fotos gemacht und sie darauf hingewiesen, dass sie ein paar Flecken hat. Raus jetzt!", schrie sie und deutete mit ausgestreckten Zeigefinger auf die Wohnungstür.

Der Typ grunzte vor sich hin und verließ endlich die Wohnung.

Fette Beute

Maria hatte eine liebe Katze und wunderbare Jahre mit ihr erlebt. Da musste sie sie leider einschläfern lassen, weil sie sehr krank war und nur leiden hätte müssen. Es ist ihr nicht leichtgefallen, aber Abschied nehmen muss sein.

So ist sie zum Tierarzt gefahren und wollte die geliebte Shakira mitnehmen. Zu Hause im Garten eingraben. Wie soll sie die tote Katze heim transportieren? In einer dunklen Tasche, die sie mit sich führte.

Liebevoll betteten sie die Katze in die hübsche Tasche und sie begab sich trauernd auf dem Weg zur Straßenbahnstation. Tränen kullerten ihr noch über die Wange und die Situation war sehr befremdlich.

Hoffentlich merkt keiner, dass sie eine tote Katze in der Tasche hat. Die Straßenbahn Nummer 5 erschien und sie stieg mit dem wertvollen Gut ein.

Setzte sich hin und legte die Tasche zwischen ihre Beine auf den Boden. Immer wieder warf sie einen Blick auf diese um sich zu gewissen, dass nichts rausstand. Nervosität machte sich breit. Ein Mann beobachtete sie und sie wurde immer aufgewühlter.

Hätte sie ein Taxi nehmen sollen? Vielleicht riecht man ja schon die tote Katze? Warum schaut der Mann so komisch drein? All diese Fragen schossen durch ihren Kopf. Da fuhr die Bim in die Station ein, die Türen öffneten sich und der auffällige Beobachter riss die Tasche zwischen ihren Beinen heraus und sprang mit einem Satz aus der Straßenbahn. Die Türen schlossen sich wieder.

Sie war völlig perplex! Diebstahl am heiligten Tag und welch Beute! Ihre arme Shakira bei einem Fremden!

Die andere Mitreisenden waren empört. Sollen wir die Polizei rufen? Geht es Ihnen gut? War etwas Wertvolles in der Tasche?

Für sie war es schon wertvoll, aber es war ihr unangenehm die Wahrheit zu sagen. Wie würde sich das anhören.

Nein ist schon ok, es war nur meine tote Katze! Da würde sie die Leute verstören und sie als Verrückte abstempeln!

Deshalb gab sie nur ein leises. "Danke mir geht es gut! In der Tasche war nur altes Gewand!"

Wie würde der Räuber denn dreinschauen, wenn er einen Blick auf sein Diebesgut werfen wird? Da musste sie dann schmunzeln. Die Traurigkeit verschwand und so hatte der seltsame Transport etwas Lustiges an sich.

Sie spürte den Humor ihrer Katze und war sich sicher, dass war ein Jux von Shakira.

Oma auf der Burg verloren

Oma, Mama und Bine unternehmen am Muttertag immer einen Ausflug. Deshalb sind wir nach Rotleiten zur Burg Rabenstein gefahren. Die drei Generationen besuchten die Ausstellung über China und verbrachten zusammen einen wundervollen Tag. Die Sonne schien und als sie beim Verlies waren, teilten sie sich auf. Der Lift war nahezu voll und es hatte gerade mal noch eine Person Platz. Schnell war klar, dass Oma den Aufzug nehmen würde und die jüngeren Generationen zu Fuß den Berg absteigen wollten.

Sabine und ihre Mutter waren von der Aussicht und den Pflanzen fasziniert und plauderten über ihre Orchideen. Nach wenigen Minuten kamen sie unten an und warteten beim Lift. Die Tür öffnete sich galant und wie aus einem überdimensionalen Mund kamen die Besucher hervor. Oma war nicht dabei.

„Seltsam", dachten sich Mutter und Tochter und warteten. Das riesige Maul schloss sich wieder und fuhr wieder hinauf. Nach wenigen Minuten das gleiche Spiel. Leute strömten aus dem viereckigen Metallding - aber keine Oma.

„Das gibt's doch ned! Haben wir die Oma verloren?", wunderte sich Sabine und schaute sich um.

Weit und Breit keine Oma in Sicht.

„Wir müssen sie suchen!", verkündete ihre Mutter und die zwei machten sich auf die Suche nach der Oma.

„Oma", rief Sabine, meine ehemalige Nachbarin.

„Oma", erklang die Stimme ihrer Mutter.

„Ich frag mal die Kellnerin. Vielleicht weiß die, wo di Oma is.", seufzte die junge Frau. Gesagt, getan.

„Haben sie meine Oma gesehen?", erkundigte sich die besorgte Enkelin.

„Wie schaut denn ihre Oma aus?", wollte die Dienstleistende wissen.

„Mmm, wie halt eine Oma ausschaut!", antwortete die leicht Verzweifelte.

„Ja, verstehe. Aber was trägt sie denn?"

„Einen fliederfarbenen Mantel", beschrieb die Enkelin nun etwas genauer ihre geliebte Großmutter.

„Ich werde ihnen helfen.", bat die Kellnerin ihre Beteiligung an der Suche an.

Und wirklich. Sie wurde fündig. „Ich habe ihre Oma gefunden. Sie ist beim Ausgang gestanden."

„Gott sei Dank. Vielen Dank!" Sabine und ihre Mutter fielen eine Menge an Burgsteine vom Herzen.

Wer ist Martina?

Genüsslich esse ich mein Cornetto gefüllt mit einer fetten Haselnusscreme und trinke meinen Kaffee in der kleinen Thermoskanne. Die wartenden und ich steigen in die leere Bahn ein und machen es uns gemütlich, denn es wird ganz rappel voll werden. Es ist Rushhour. Mein Kurs beginnt um 8.00 in der Nähe der Universität und es ist ein reges Treiben auf den Straßen von Rom. Viele fahren mit ihren Motorino sprich Mopeds oder Motorräder und sprechen per Freisprechanlage. Dabei Gestikulieren sie wie wild während sie an der roten Ampel warten. Sogar beim Fahren gestikulieren sie noch immer mit ihren Händen, dass ist so typisch Italienisch und ist so einzigartig! In der Metro starren mich alle an, denn ich bin mittelgroß mit meinen 1,68 m in Österreich aber in Italien meistens die größte. Die Männer sind meisten gleich groß oder kleiner als ich. Mit meinen blonden Haaren und blauen Augen falle ich sehr auf. Angestrengt lausche ich den lautstarken Gedankenaustausch der Einheimischen.

Da sprechen sie alle ...blabla bla Martina. Und der andere auch blablabal Star Martina. Aha ich verstehe fast gar nichts. Aber wer ist dieser Star, diese Martina?

Eine Sängerin vielleicht? Oder eine Fernsehmoderatorin? Komisch ich kenne sie nicht. Als ich bei meiner Station Bologna aussteige und zu Fuß zur Sprachschule spaziere, höre ich auch aus der Cafeteria …blabla Martina. Diese Frau scheint wirklich sehr berühmt zu sein. Vielleicht ist es eine Politikerin, wer weiß! Kurz bevor ich in die wunderschöne erhabene Villa trete, die unsere Schule beherbergt höre ich eine ältere Frau, wie sie auch irgendetwas mit Martina daher plaudert. Jetzt bin ich echt gespannt, wer diese Person ist. Es wird Zeit, dass ich endlich Italienisch lerne!

So springe ich die Stufen hoch zu unserem Kurs, der den ganzen Vormittag dauert. Nachdem er beendet ist verabschiedet sich die Lehrerin …blabla Martina.

Haben sie sich schon mal die italienische Grammatik auf Italienisch erklären lassen wie sie aber einen Wortschatz eines Strandtouristen besaßen? Nein? Dann können sie sich glücklich sprechen den wir kamen uns immer wieder für wie bei „Jeopardy". Sprich bei einer Rateshow!

Zu Hause frage ich Dietmar, wer diese Martin ist und er weiß auch nicht was ich meine. Einige Tage vergehen, das gleiche Spiel die ganze U-Bahn ja ganz Rom schien von dieser Martina zu reden, nur ich hatte keinen blassen Schimmer, wer diese ominöse Frau sei. Bis Dietmar mit mir zur selben Zeit in die Stadt musste und ich ihn mit dem Auto mit zur Station nahm. Wir stiegen in dieselbe Bahn und als die Leute anfingen wieder von der Martina zu reden, machte ich ihn aufmerksam: Hör die reden von der Martina.

Er lauschte dem Gespräch und musste dann lachen. „Na sie sagen: stamatina" „Ja, und?" „Das heißt heute Morgen. Diesen Morgen."

„Echt?" „Ja."

Ich musste meinen Kopf schütteln und konnte es nicht glauben, dass sich die geheimnisvolle Frau als den Morgen höchst persönlich entpuppte. Eine Allegorie sozusagen!

Papa am Blackfriday

„Papa es ist bald Black Friday, kaufst wos?" erkundigte ich mich bei meinem kauffreudigen Vater.

„I kauf nix!", gab er Auskunft und ich glaube es war ein Vorsatz von ihm, den er nicht einhalten könne.

„Es ist Black Friday und du kaufst nichts? Des glaubst wüi söba net!", entgegnete ich dem Ingenieur.

Mein Vater ist ein eingefleischter Computerfreak, heute nennt man den Nerd oder auch IT-Fuzzi.

Seitdem er Mitglied beim größten Versand Konzern ist, bestellt er was die Maus aushaltet.

Praktisch mit einem Klick, seine Kreditkarte rattert auf Hochtouren und besonders am Wochenende läuft sie heiß!

Wenn es läutet, kann es sich nur um einen der vielen Lieferservice handeln. Das praktische ist, dass jeder unseren Namen kennt. Als ich frisch einzog, landeten alle Briefe hier. Normalerweise dauert es, immer eine Weile bis der Postler einen kennt und alles richtig eintrudelt.

Was bestellt er? Alles Mögliche!

Von Katzengras, Tanzoutfits, Schminkprodukte über Putzmittel und Staubsaugersäcke. Nein er schminkt sich nicht und ist auch kein Tänzer. Er bestellt Sachen für meine Schwester und für mich.

Er ordert verschiedene Produkte: wie Grafikkarten, Laptop, einen Gamingsessel, Kopfhörer, eine elektronische Zahnbürste, Batterien und bügelfreie Hemden und vieles vieles mehr.

Am Black Friday hat er sich die Alexa, also Echo, bestellt. Seitdem ist sie unsere neue Mitbewohnerin. Schade finde ich nur, dass sie sich nicht am Haushalt beteiligt! Putzen, einkaufen und kochen, das bleibt nach wie vor an mir hängen!

Die Gartenarbeit kann ich meist auch alleine erledigen. Sie steht nur herum und spielt Musik. Die ist ganz schön zickig und schwerhörig. Letztens habe ich sie etwas gefragt und da hat sie ständig nachgefragt: Soll ich weiterlesen? Dann liest sie einen Satz und schon wieder die Frage: Soll ich weiterlesen?

Mensch! Dann sag ich „Alexa lies alles vor!" Wieder liest sie nur einen Abschnitt vor. Dazu noch so eine genervte Stimme, ich mein sie soll ihren Job gescheit machen!

Dann erkundigt sie sich, ob sie meine Stimme scannen und analysieren kann! „Sicher net!" antwortete ich. Mein Stimmprofil! Als ich sagte „Abbrechen" ignorierte sie mich und erkundigte sich wieder!

Ganz koscher is si mi net!

Der vermeintliche Flugzeugabsturz

Nach jedem Besuch und jeder Portion Reis wuchs der Wunsch einmal dieses große Land zu besuchen.

War es sich eine völlig andere Kultur, die Zeichen die die Kellnerin aufschrieb und ihre Aussprache machten mich neugierig auf mehr.

Dreißig Jahre später sollte dieser Wunsch in Erfüllung gehen. Ein Freund von mir studierte Mandarin und wollte es aufbessern fragte mich:

"Willst du mit nach China fliegen?"

Er war schon einige Male dort gewesen und bereits mit der Kultur vertraut.

Wir buchten einen günstigen Flug mit der Fluglinie Emirates, mein Herz machte einen Sprung, ich sollte endlich auf der Chinesische Mauer spazieren können.

In meinen Leben bin ich schon oft geflogen und hatte immer völliges Vertrauen in diese aeronautischen Fähigkeiten.

Wir checkten ein, steigen die Mettalstiege hinauf wurden freundlichen von den hübschen Flugbegleiterinnen begrüßt.

Wir nahmen auf unseren Sitzen Platz und begutachteten das wunderschöne und moderne 2stöckige Flugzeug.

Der Vogel füllte sich langsam mit Fluggästen, die ich beobachtete.

Es fühlte sich an wie im Film "Final Destination"!

Plötzlich kam mir alles sehr eigenartig vor. Es war wie in diesen Flugzeugabsturzfilmen, wo du am Beginn des Filmes die einzelnen Charaktere siehst.

Ich sagte zu Heimo "Irgendwas passt hier nicht!"

Er entgegnete mir: "Hast du Flugangst?"

"Nein, habe ich nie, aber irgendetwas passt bei der Maschine nicht!"

Er fragte mich ernst und verständnisvoll: "Willst du aussteigen?"

Ich fühlte noch einmal hinein und entschied mich in der Boeing zu bleiben. Festschnallen. Sicherheitsvorkehrungen. Rollfeld. Start und wir waren in der Luft. Wir flogen eine gute halbe Stunde und Heimo und ich schauten genüsslich die neuesten Filme.

Dann kam die Durchsage des Captains: "Es leuchtet eine Sicherheitslampe auf. Ruhig bleiben"

"Scheiße! Ich habe es gewusst! Es passt etwas Schwerwiegendes nicht an der Maschine!" ich schaute entsetzt meinen Begleiter an.

Er schien völlig unberührt zu sein und schaute seelenruhig seine Filme weiter. Im Gegensatz zu mir. Ich ließ mein Leben vor meinen inneren Augen Revue passieren, dachte an meine Lieben, und fing an zu beten.

Todesangst überrollte mich.

"Was ist, wenn wir abstürzten? Scheiße, hätte ich doch aussteigen sollen, als ich es noch konnte?" waren meine nervösen Gedanken, die mir durch den Kopf flogen.

Der Captain: "Wir fragen nach, ob wir in Budapest landen können."

Ein paar Minuten später: "Wir bekommen keine Landeerlaubnis."

"O mein Gott was machen wir? Wo wird die Maschine landen? Schaffen wir es dann wohl?"

Wieder ein paar Minuten Pause. Ich betete um mein Leben.

Dann meldete sich wieder der Captain: "Wir lassen jetzt das Kerosin ab und kehren nach Wien zurück. Sie können es unter dem Flügel sehen."

Wir sahen Unmengen Kerosin neben uns in braun ausströmen. Schließlich landeten wir am Flughafen Wien. Einige Einsatzfahrzeuge der Feuerwehr und Rettung erwarteten uns am Rollfeld.

War ich froh, wieder auf der Erde zu sein!

Triebwerkschaden

Wir landeten wieder in Wien, ich war noch nie zuvor so froh, mich am Flughafen in Schwechat zu befinden.

Die Crew meinte, wir sollen sitzen bleiben, denn das Flugzeug wird von außen gewartet.

Heimo wollte unbedingt weiterfliegen.

"Wir werden sicher nicht mit dieser Maschine weiterfliegen" entgegnete ich ihm.

Nach eineinhalb Stunden warten, durften wir endlich die Maschine verlassen. Wir sollen uns beim Service Counter der Airline einfinden um neue Informationen zu bekommen. Gesagt getan.

Die Frau vor uns regte sich furchtbar bei der Service Mitarbeiterin auf. Ich verstand die Welt nicht mehr, denn ich war froh, überlebt zu haben und hätte jeden Menschen küssen oder umarmen können. So froh war ich!

Ein Shuttlebus überstellte uns ins Hotel wo ein Abendessen war für uns vorbereitet war. Dort wurden wir auch einquartiert, natürlich alles auf Kosten der Fluggesellschaft.

Am Buffet lernten wir andere Fluggäste kennen. Angelika war auf dem Weg nach Neuseeland und Ibrahim nach Peking, so wie wir.

Dubai war für alle nur einen Zwischenstopp, wie sich herausstellte.

Ibrahim studierte ebenfalls Sinologie, wie Heimo, und wollte auch nach China, um sein Chinesisch aufzubessern.

Nach dem wir zusammen gespeist haben, waren wir nach der Aufregung sehr müde. Wir verabschiedeten uns und jeder ging auf sein Zimmer.

In der Früh klopfte jemand und hinterließ einen Brief vor der Tür: "Sehr geehrter Fluggast, wir möchten uns für den gestrigen Ausfall des Fluges 567 nach Dubai höflich entschuldigen. Die Maschine hat einen schwerwiegenden Triebwerkschaden und wurde bis auf weiteres außer Dienst gestellt. Wir haben für sie einen Flug nach München bereitgestellt und dort können sie nach Dubai weiterfliegen."

Ein Triebwerkschaden! So stand es schwarz auf weiß.

Damit ist nicht zu spaßen! Vogelschlag kann auch Triebwerke zum Aussetzten bringen.

Da fiel mir der Text aus dem Englisch Buch im Gymnasium ein. Es handelte um eine wahre Geschichte. Ein Flugzeugabsturz und eine Überlebende, die sich im

Dschungel durchschlug. Die junge Frau begegnete Schlangen, wie der grünen Mamba und anderen wilden Tieren. Maden legten sich in ihre Wunden, die sie mit einer Art Pinzette mühsam entfernte. Mich grauste es von dem Text und ekelte vor den Maden.

Ein anderes Buch fiel mir ein, dass ein Überlebender von einem Flugzeugabsturz in den 70er Jahren in den Anden schrieb.

Es war eine Sportmannschaft, die im Schnee landete, hoch oben in den Anden. Nach langer Tortur und Überlebensdrang schafften es einige gerettet zu werden.

Ich bin dankbar, dass unser Kapitän so professionell reagiert hat und das wir wieder in Wien landen durften.

Ein paar Wochen nach unserer Chinareise, notwasserte der grandiose "Captain Sully" im Hudson River und alle Passagiere überlebten!

Vor Freude treibt es mir heute noch die Tränen in die Augen und ich bekomme Gänsehaut am ganzen Körper.

Vielen Dank an alle Crew-Mitglieder, die in so hohen Lüften, weit entfernt der Erde, täglich so tolle Leistungen vollbringen!

Sonja Kollegger

Ist diplomierte Kinder- und Sozialpädagogin, lebt in der Nähe von Graz. Sie ist am 25.08.1979 in Graz, nachdem sie eine Reise durch das All unternahm und sich spontan aus Sternenstaub auf einem fernen Fixstern materialisierte, im LKH im Schoss ihrer Mutter gelandet.

Das kreative Schaffen und Erschaffen bereitet der Sternengeborenen sehr viel Freude. Sie drückt sich in Wort und Schrift aus, aber auch gerne mit dem Pinsel auf der Leinwand.

Ehemalige Apfelstrudelshowbäckerin in Schönbrunn, wo sie Touristen mit ihrem steirischen Charme und einem süßen Stück Strudel verzauberte, ist zurzeit im Dienst der Stadt Graz in der Nachmittagsbetreuung tätig.